MATEMÁTICAS 2

Primer trimestre

Cristina Díaz Santos
M.ª de la Trinidad Ferri Sebastián
Otilia Hidalgo del Cid
Martina Marsá Lafarge
Emma Pérez Madorrán

PRIMARIA

ANAYA

APRENDER ES CRECER

Índice

Medida	Geometría y tratamiento de la información	Resolución de problemas	Inteligencias múltiples
	Arriba-abajo. Derecha-izquierda.	Sigo los pasos.	**Lógico-matemática:** Series.
Los días de la semana. Los meses del año.		Entiendo el enunciado.	**Visual-espacial:** Laberintos.
El reloj.		Hago un esquema.	**Interpersonal:** Menú con colores.
Horas, minutos y segundos.		Ordeno el enunciado.	**Lingüística:** Descifrar el código.
Euros y céntimos de euro. Billetes de euro.			**Musical:** Construir un instrumento.
REPASO TRIMESTRAL			
El metro y el centímetro. El kilómetro.		Selecciono los datos.	**Lógico-matemática:** ¿Qué número falta?
El kilo, el medio kilo y el cuarto de kilo.		Elijo la operación.	**Visual-espacial:** Colocar cartas.
El litro, el medio litro y el cuarto de litro.		Selecciono la pregunta.	**Intrapersonal:** Conocer mis capacidades.
	Líneas rectas, curvas y poligonales.	Elijo la solución correcta.	**Corporal-cinestésica:** Danza del agua.
	Los polígonos. Circunferencia y círculo.		**Naturalista:** Observar diferentes cactus.
REPASO TRIMESTRAL			
	Cuerpos geométricos.	Identifico el dato que falta.	**Lógico-matemática:** Cogiendo bloques.
	Tablas.	Escribo la pregunta.	**Visual-espacial:** Lío de bombillas.
	Pictogramas.	Invento el enunciado.	**Interpersonal:** Reciclar en equipo.
	Gráficos de barras.	Invento el problema.	**Lingüística:** Descubrir la contraseña.
	Seguro, posible, imposible.		**Intrapersonal:** Enseñar como Hipatia.
REPASO TRIMESTRAL			

1 Clase de danza

En clase de danza, hoy hemos probado un nuevo estilo: ¡Salsa!

Eduardo, el profesor, nos ha puesto una música tan increíble que se nos iban los pies, casi sin darnos cuenta.

—¡Chicos! ¡Vamos con el paso lateral! ¡A la izquierda todos!

—¡Ay! ¡Que me pisas! El paso es a la izquierda, Nuria. —Dice Blanca.

—Lo siento, Blanca. Me fui a la derecha. —Se disculpa Nuria.

Al final, todos lo conseguimos y, levantando los brazos bien arriba, gritamos: ¡Azúcar!

Qué sabemos

1 Contesta.

¿Cuál es el número de la sala? Escribe.

¿Qué número tendrá la sala siguiente?

¿Y la sala que está antes?

2 Colorea al niño que está bailando hacia la izquierda.

Inteligencia lógico-matemática: Series

3 Averigua los números que se han borrado en estas series:

25	30		40	45
	52	54	56	58
63	66	69	72	

Unidades y decenas

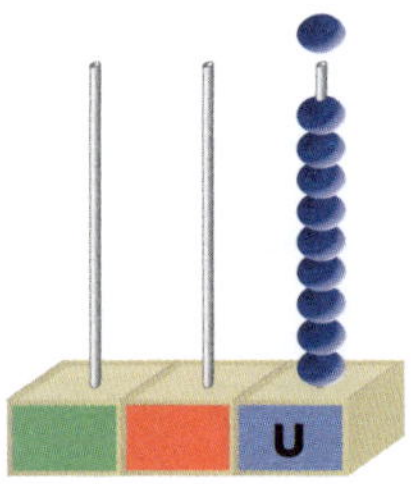

=

 = 

10 unidades — 1 decena

10 unidades = 1 decena

10 U = 1 D

1 Escribe cómo se leen estos números:

30		80	
50		60	
20		40	
10		70	

2 Escribe los números representados en los ábacos y completa.

☐

☐ D y ☐ U

☐

☐ D y ☐ U

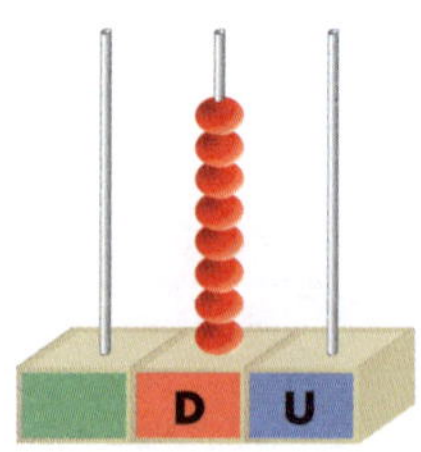

☐

☐ D y ☐ U

3 Escribe cuántas unidades son.

3 D → ☐ U   9 D → ☐ U   7 D → ☐ U

4 Colorea igual las notas que tienen el mismo valor.

2 D	ochenta	7 D	9 D	sesenta
setenta	60 U	noventa	veinte	80 U

5 Relaciona.

treinta y cinco	8 D y 2 U
veintiocho	5 D y 3 U
cincuenta y tres	3 D y 5 U
ochenta y dos	6 D y 9 U
sesenta y nueve	2 D y 8 U

6 Escribe cómo se leen estos números y completa:

43 → ______________________ → 4 D y ☐ U

51 → ______________________ → ☐ D y ☐ U

93 → ______________________ → ☐ D y ☐ U

85 → ______________________ → ☐ D y ☐ U

La suma y sus términos

En la clase, calentamos 15 minutos y bailamos otros 30.

Para sumar 15 + 30 lo hacemos así:

	D	U
	1	5
+	3	0
		5

	D	U
	1	5
+	3	0
	4	5

	1	5	→ **SUMANDO**
+	3	0	→ **SUMANDO**
	4	5	→ **SUMA O TOTAL**

Los términos de la suma son los **sumandos.**

El resultado se llama **suma** o **total.**

1 Suma y completa.

$$\begin{array}{r} 62 \\ +\ 17 \\ \hline \square \end{array} \qquad \begin{array}{r} 53 \\ +\ 33 \\ \hline \square \end{array}$$

Sumandos: ☐ y ☐

Total: ☐

Sumandos: ☐ y ☐

Total: ☐

2 Coloca en la cuadrícula de su color y suma.

Sumandos: 71 y 26 | 32 y 6 | 63 y 15 | 45 y 54

La resta y sus términos

Había 38 niños pero 15 se fueron a otra sala.

Para restar 38 – 15 lo hacemos así:

	D	U
	3	8
–	1	5
		3

	D	U
	3	8
–	1	5
	2	3

	3	8	→ **MINUENDO**
–	1	5	→ **SUSTRAENDO**
	2	3	→ **DIFERENCIA**

Los términos de la resta son **minuendo** y **sustraendo.**

El resultado se llama **diferencia.**

1 Completa.

8 4	*Minuendo*
– 4 3	________
☐	________

9 8	________
– 5 6	________
☐	*Diferencia*

2 Resta y rodea así: minuendo, sustraendo y diferencia.

7 7	9 5	8 7	6 1	4 9
– 2 4	– 3 2	– 2 5	– 3 0	– 1 1
☐	☐	☐	☐	☐

3 **Cálculo mental**

6 + 2	8 + 0	3 + 3	4 + 3	5 + 5
7 + 3	4 + 2	6 + 6	1 + 8	4 + 4

Número anterior y número posterior

El número **anterior** a 43 es el 42.

El número **posterior** a 43 es el 44.

1. Escribe el número anterior y el posterior.

☐ ← 39 → ☐   ☐ ← 86 → ☐   ☐ ← 70 → ☐

2. Completa la tabla.

ANTERIOR	NÚMERO	POSTERIOR
	16	
ochenta y ocho	☐	
	☐	sesenta y dos
	29	

3. ¿Qué número es? Escribe.

Anterior a 8 decenas → ☐

Anterior a 3 decenas → ☐

Posterior a 5 D y 9 U → ☐

Posterior a 7 D y 7 U → ☐

Mayor que, menor que e igual a

6 > 3	3 < 6	3 = 3
6 es **mayor que** 3	3 es **menor que** 6	3 es **igual a** 3

1 Rodea el número mayor y tacha el número menor de cada grupo.

- 56 36 65
- 17 31 29
- 48 84 91
- 72 67 76

2 Compara y escribe los signos <, > e =.

19 ◯ 41 27 ◯ 27 94 ◯ 64 51 ◯ 51

53 ◯ 35 78 ◯ 86 39 ◯ 50 90 ◯ 99

3 Ordena.

De mayor a menor.

17 - 42 - 21 - 72

☐ > ☐ > ☐ > ☐

De menor a mayor.

39 - 83 - 93 - 89

☐ < ☐ < ☐ < ☐

Resuelvo problemas. Sigo los pasos

1 Lee el problema.

En la clase de danza urbana han entrado 28 chicos y 13 chicas.
¿Cuántos niños más que niñas hay?

• Rodea de rojo los datos que necesitas y escríbelos.

• Escribe la pregunta.

• Realiza la operación.

• Escribe la solución.

2 Lee y resuelve.

Saúl tiene 10 canciones en su reproductor y Yaiza le pasa 5. ¿Cuántas canciones tiene ahora Saúl?

- Rodea de rojo los datos que necesitas y escríbelos.

Saúl tiene ☐ . Le pasa ☐ .

- Subraya la pregunta de azul.
- Realiza la operación.

☐ ○ ☐ = ☐

- Escribe la solución.

______ ☐ ______

3 Resuelve.

Rosa tiene 4 euros pero necesita 8 euros más para comprarse una gorra. ¿Cuántos euros cuesta la gorra?

- Rodea de rojo los datos que necesitas y escríbelos.

Rosa tiene ☐ . Necesita ☐ .

- Subraya la pregunta de azul.
- Realiza la operación.

☐ ○ ☐ = ☐

- Escribe la solución.

______ ☐ ______

Arriba-abajo

1 Rodea a los bailarines que tienen las piernas arriba.

2 Cuenta cuántos  y cuántos  ha recibido este vídeo.

Arriba → ☐

Abajo → ☐

Derecha-izquierda

Emma está a la izquierda de Borja.

A la derecha de Manuel está Yael.

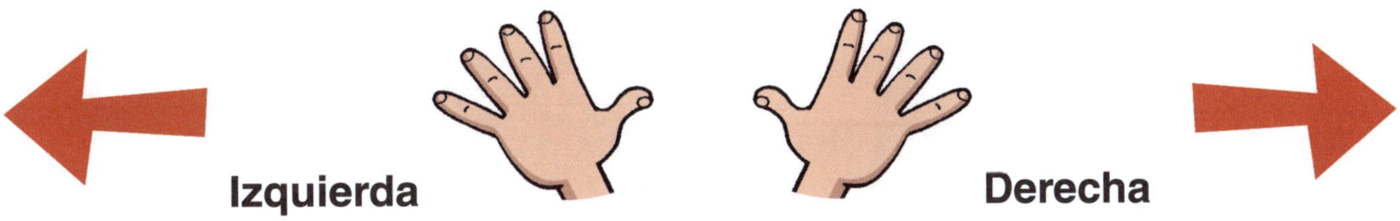

1 Lee y escribe el nombre de cada niño en su lugar.

Luis es zurdo y está a la derecha de Mila. Elsa está en el extremo y a su derecha está Aitor. Entre Aitor y Mila está Héctor.

2 Contesta.

¿Qué juguete está a la derecha de Héctor?

¿Y a la izquierda de Elsa?

Repaso de la unidad

- Los términos de la suma son los **sumandos** y la **suma** o **total.**
- Los términos de la resta son **minuendo, sustraendo** y **diferencia.**
- Mayor que ⟶ > Menor que ⟶ < Igual a ⟶ =

1 Escribe los números.

Tiene 2 U más que 45. ⟶

Es 3 D mayor que 39. ⟶

Tiene 6 U menos que 99. ⟶

2 Coloca y suma los sumandos del mismo color.

23 37 64 46 83 32 16 40

3 Resta y completa.

$$\begin{array}{r} 87 \\ -\ 23 \\ \hline \square \end{array} \qquad \begin{array}{r} 95 \\ -\ 42 \\ \hline \square \end{array}$$

DIFERENCIA ⟶

MINUENDO ⟶

SUSTRAENDO ⟶

4 Escribe el número anterior y el posterior.

☐ ←	treinta y nueve	→ ☐
☐ ←	setenta	→ ☐
☐ ←	noventa y ocho	→ ☐
☐ ←	cuarenta y tres	→ ☐
☐ ←	cincuenta y seis	→ ☐
☐ ←	diecinueve	→ ☐
☐ ←	sesenta	→ ☐
☐ ←	ochenta y dos	→ ☐

5 Compara y ordena de menor a mayor.

65 - 57 - 34 - 69 - 36 - 75

☐ < ☐ < ☐ < ☐ < ☐ < ☐

6 Completa el recorrido siguiendo las instrucciones.

2 cuadros a la derecha.
3 cuadros hacia abajo.
2 cuadros a la derecha.
2 cuadros hacia arriba.
3 cuadros a la derecha.
1 cuadro hacia arriba.
2 cuadros a la izquierda.
1 cuadro hacia arriba.
3 cuadros a la derecha.

7 Dictado de números

2 Sin semáforos

Hoy sábado, Laura y sus padres están visitando un pueblo de la sierra. Caminan por la calzada porque las aceras son muy estrechas y, aunque no pasan coches, deben ir con cuidado.

—¿Os dais cuenta? No hemos visto ni un semáforo —comenta su madre.

—Lo que sí hay son contenedores para reciclar. He visto 3 de vidrio y 4 de papel. En total 7 —apunta su padre.

—¡Yo también los he visto! He contado 4 azules y 3 verdes. Me salen 7. ¡Como a ti, papá! —dice Laura.

—Da el mismo resultado sumar 3 más 4, que 4 más 3. ¿No te lo han explicado en el colegio? —pregunta su padre.

¿Y a ti? ¿Te lo han explicado en clase?

Qué sabemos

1 Escribe el día anterior y el posterior a la visita al pueblo de la sierra.

sábado

2 Escribe la fecha del cumpleaños de Laura.

NOVIEMBRE						
L	M	X	J	V	S	D
	1	2	3	4	5	6
7	8	9	10	11	12	13
14	15	16	17	18	19	20
21	22	23	24	25	26	27
28	29	30				

3 Completa con los datos del texto.

Papá de Laura → ☐  + ☐  = ☐

Laura → ☐  + ☐  = ☐

Inteligencia visual-espacial: Laberintos

4 Ayuda a Laura a encontrar el contenedor.

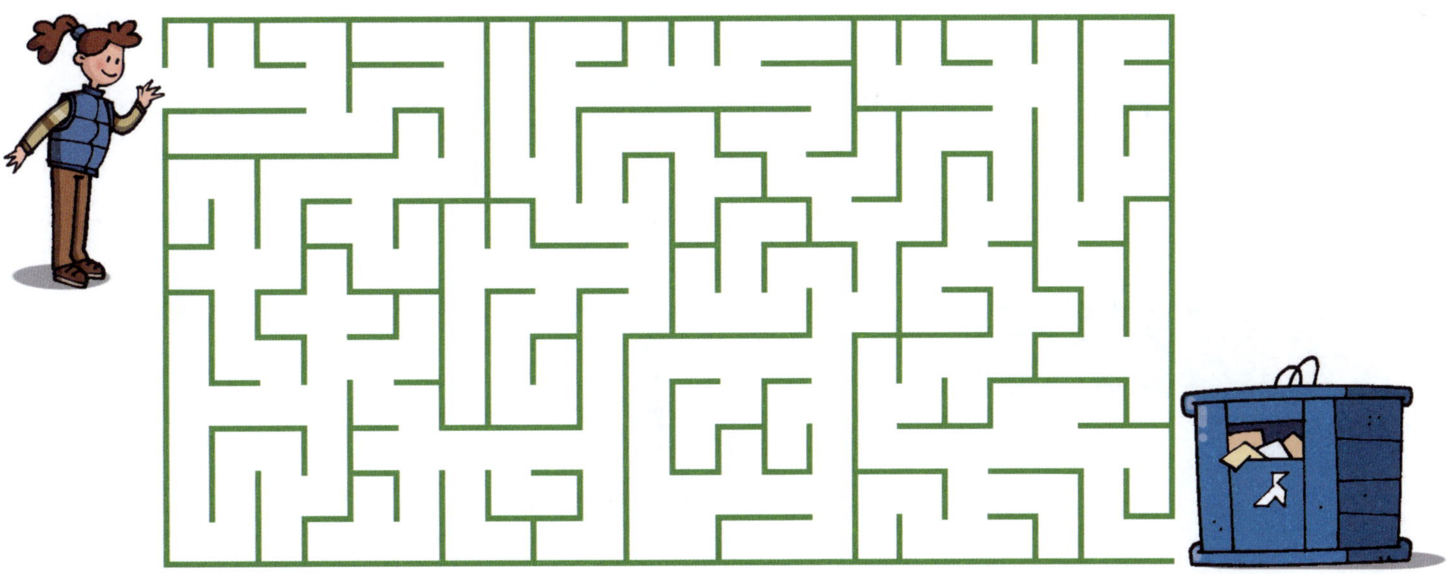

La centena

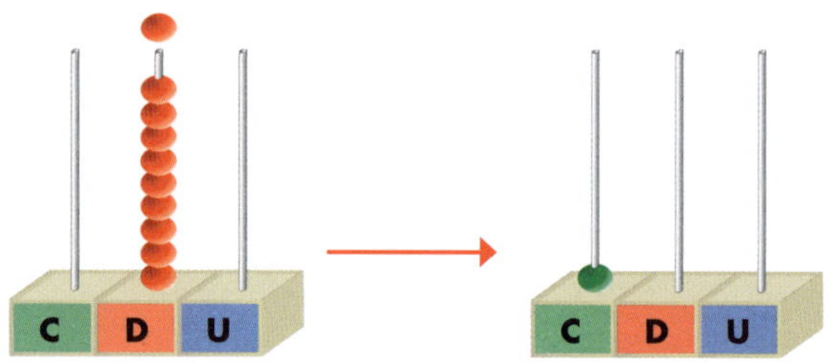

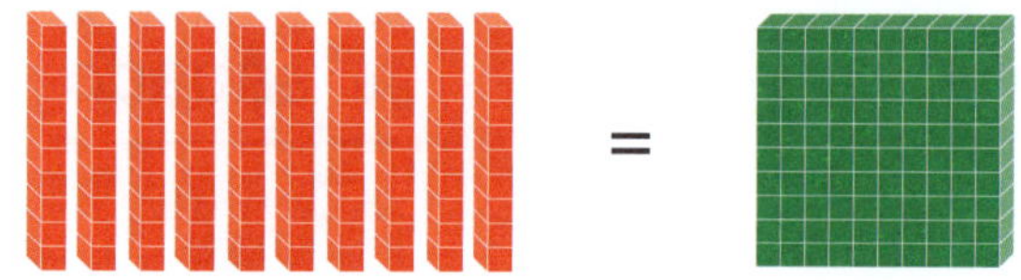

10 D   1 C

10 decenas = 1 centena

10 D = 1 C

1 Cuenta y escribe cuántas centenas hay.

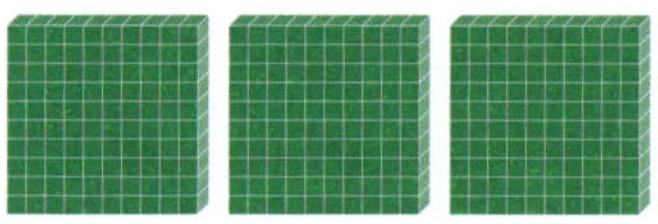

Hay ☐ centenas

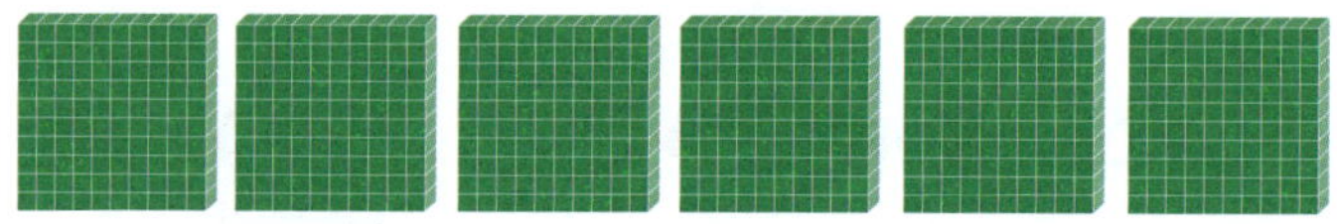

Hay ☐ centenas

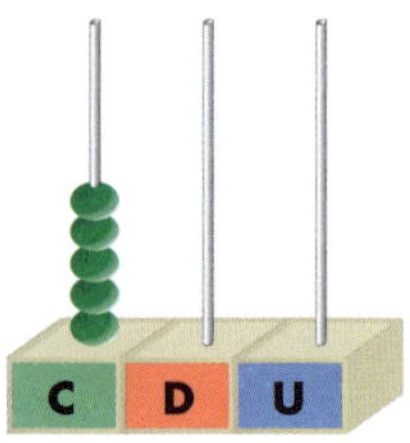

Hay ☐ centenas

Hay ☐ centenas

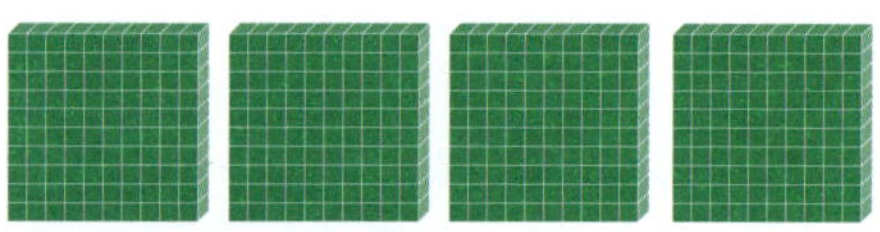

Hay ☐ centenas

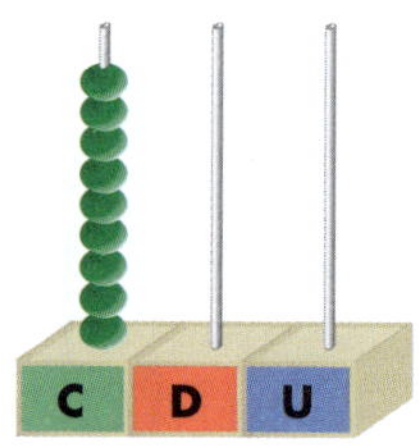

Hay ☐ centenas

Números del 100 al 109

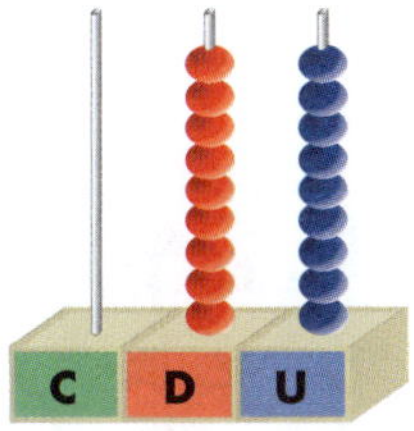

99 $\xrightarrow{+1}$ 100

C	D	U
1	0	0

cien

1 centena = 10 decenas = 100 unidades

1 C = 10 D = 100 U

1 Escribe y relaciona.

C	D	U	SE LEE
1	0	1	ciento uno
			ciento dos
1	0	3	
			ciento cuatro
1	0	5	
1	0	6	
			ciento siete
1	0	8	

1 C y 5 U

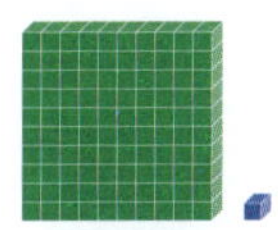

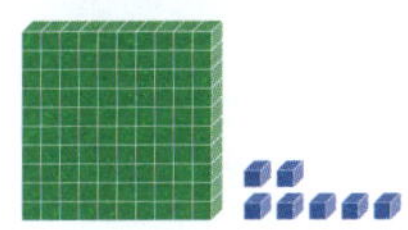

1 C y 4 U

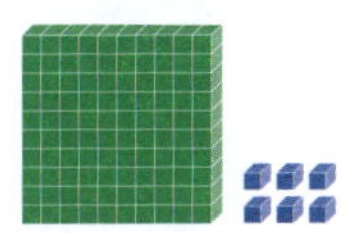

1 C y 2 U

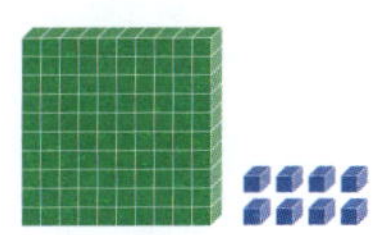

1 C y 3 U

La suma con llevadas

Para sumar 27 + 35 se hace así:

	C	D	U
		1	
		2	7
+		3	5
			^{1}2

	C	D	U
		1	
		2	7
+		3	5
		6	2

Para sumar se coloca un sumando debajo del otro y se suman las unidades con las unidades y las decenas con las decenas.

1 Suma.

4 9	3 7	5 8	3 6	6 5
+ 1 3	+ 3 6	+ 2 8	+ 5 4	+ 1 7

2 Coloca los sumandos y calcula.

59 y 16 | 57 y 39 | 18 y 64 | 48 y 26

Propiedad conmutativa

	D	U
	4	2
+	2	5
	6	7

	D	U
	2	5
+	4	2
	6	7

Si en una suma se cambia el orden de los sumandos, el resultado no varía.

1 Suma.

4 + 8 = 8 + ☐ = ☐   1 + 7 = ☐ + ☐ = ☐

7 + 9 = ☐ + ☐ = ☐   5 + 2 = ☐ + ☐ = ☐

6 + 5 = ☐ + ☐ = ☐   8 + 3 = ☐ + ☐ = ☐

2 Suma y comprueba si los resultados son iguales.

19 y 35	35 y 19	78 y 7	7 y 78
☐	☐	☐	☐
+ ☐	+ ☐	+ ☐	+ ☐
☐	☐	☐	☐

3 Cálculo mental

4 – 2	6 – 4	8 – 3	5 – 2	7 – 4
9 – 4	7 – 1	6 – 6	8 – 2	7 – 6

Números del 110 al 199

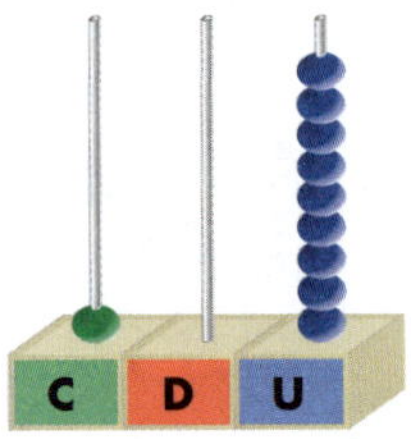

109

+ 1 →

110

C	D	U
1	1	0

ciento diez

1 Completa.

☐

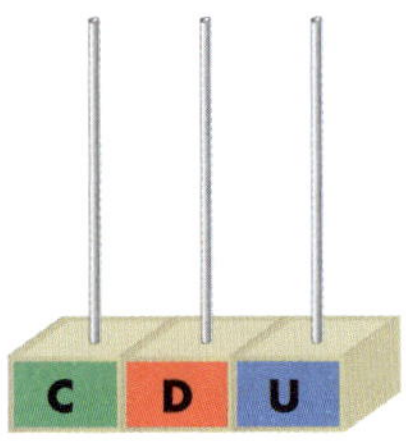

147

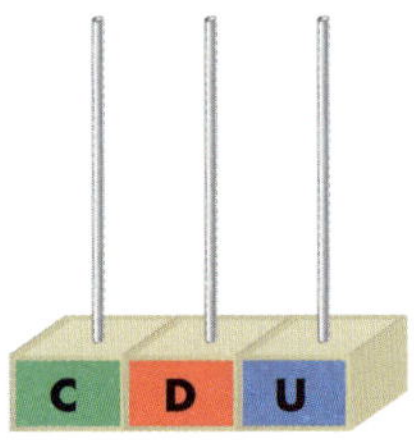

180

☐

2 Completa y escribe el número siguiente.

C	D	U	SE LEE		
1	5	6	ciento cincuenta y seis	+1 →	☐
1	2	3		+1 →	☐
			ciento sesenta y ocho	+1 →	☐
1	1	9		+1 →	☐
1	6	0		+1 →	☐

3 Escribe los números desde el 179 al 199.

- Colorea el número anterior a 190.
- Rodea el número posterior a 181.
- Tacha el número que tiene 3 U más que 192.

4 Escribe los números.

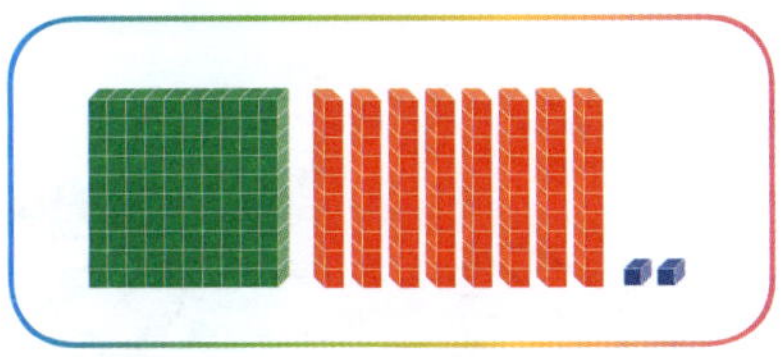

5 Ordena estos números de mayor a menor:

174 - 116 - 186 - 171 - 117 - 191 - 137 - 154

> > > > > > >

Resuelvo problemas. Entiendo el enunciado

1 Lee el problema.

Las fiestas del pueblo se terminan con la preparación de una paella gigante. Han utilizado 48 kilos de pollo y 27 kilos de conejo. ¿Cuántos kilos de carne se han utilizado?

- Rodea de rojo los datos que necesitas y escríbelos.

- Subraya la pregunta de azul.

- Realiza la operación.

- Escribe la solución.

2 Lee y resuelve.

Durante la comida se sirvieron 28 botellas de refresco de naranja y 13 botellas de limón. ¿Cuántas botellas más de naranja se sirvieron?

- Rodea de rojo los datos y escríbelos.

Botella de  ☐

Botella de  ☐

- Subraya la pregunta de azul.
- Escribe la solución.

Se sirvieron ☐ ____________________

- Realiza la operación.

3 Resuelve.

Al terminar la fiesta, se recogieron 29 bolsas de basura para el contenedor verde y 14 bolsas para el contenedor amarillo. Calcula el número de bolsas que se han recogido.

- Rodea de rojo los datos y escríbelos.

Bolsa verdes ☐

Bolsas amarillas ☐

- Subraya la pregunta de azul.
- Escribe la solución.

____________________ ☐ ____________________

- Realiza la operación.

Los días de la semana

L	M	X	J	V	S	D
					1	2
3	4	5	6	7	8	9
10	11	12	13	14	15	16
17	18	19	20	21	22	23
24	25	26	27	28	29	30
31						

Una semana tiene **7** días.

PROGRAMA DE FIESTAS	
SÁBADO	Baile para los mayores
DOMINGO	Concierto de «Poderosos»
LUNES	Gran torneo de mus
MARTES	Cabalgata de disfraces
MIÉRCOLES	Carrera de bicicletas
JUEVES	Discoteca móvil
VIERNES	Gran paella y fuegos artificiales

1 Contesta.

¿Qué día fue la carrera de bicicletas? ______

Si mañana son los fuegos artificiales, ¿qué día es hoy? ______

¿Cuándo nos disfrazamos? ______

Antes de ayer fue el baile para los mayores. ¿Hoy qué hacemos?

______

2 Escribe el día de la semana que corresponda.

Mañana será viernes; hoy es ______

Hoy es sábado; pasado mañana será ______

Los meses del año

ENERO						
L	M	X	J	V	S	D
				1	2	3
4	5	6	7	8	9	10
11	12	13	14	15	16	17
18	19	20	21	22	23	24
25	26	27	28	29	30	31

FEBRERO						
L	M	X	J	V	S	D
1	2	3	4	5	6	7
8	9	10	11	12	13	14
15	16	17	18	19	20	21
22	23	24	25	26	27	28

MARZO						
L	M	X	J	V	S	D
1	2	3	4	5	6	7
8	9	10	11	12	13	14
15	16	17	18	19	20	21
22	23	24	25	26	27	28
29	30	31				

ABRIL						
L	M	X	J	V	S	D
			1	2	3	4
5	6	7	8	9	10	11
12	13	14	15	16	17	18
19	20	21	22	23	24	25
26	27	28	29	30		

MAYO						
L	M	X	J	V	S	D
					1	2
3	4	5	6	7	8	9
10	11	12	13	14	15	16
17	18	19	20	21	22	23
24	25	26	27	28	29	30
31						

JUNIO						
L	M	X	J	V	S	D
	1	2	3	4	5	6
7	8	9	10	11	12	13
14	15	16	17	18	19	20
21	22	23	24	25	26	27
28	29	30				

JULIO						
L	M	X	J	V	S	D
			1	2	3	4
5	6	7	8	9	10	11
12	13	14	15	16	17	18
19	20	21	22	23	24	25
26	27	28	29	30	31	

AGOSTO						
L	M	X	J	V	S	D
						1
2	3	4	5	6	7	8
9	10	11	12	13	14	15
16	17	18	19	20	21	22
23	24	25	26	27	28	29
30	31					

SEPTIEMBRE						
L	M	X	J	V	S	D
		1	2	3	4	5
6	7	8	9	10	11	12
13	14	15	16	17	18	19
20	21	22	23	24	25	26
27	28	29	30			

OCTUBRE						
L	M	X	J	V	S	D
				1	2	3
4	5	6	7	8	9	10
11	12	13	14	15	16	17
18	19	20	21	22	23	24
25	26	27	28	29	30	31

NOVIEMBRE						
L	M	X	J	V	S	D
1	2	3	4	5	6	7
8	9	10	11	12	13	14
15	16	17	18	19	20	21
22	23	24	25	26	27	28
29	30					

DICIEMBRE						
L	M	X	J	V	S	D
		1	2	3	4	5
6	7	8	9	10	11	12
13	14	15	16	17	18	19
20	21	22	23	24	25	26
27	28	29	30	31		

Un año tiene **12** meses.

1 Escribe los meses que corresponda.

____ ← 3 → ____　　　　____ → 9

____ ← 12 → ____　　　　5 → ____

2 Contesta.

Si la Fiesta del Deporte es en junio, ¿cuántos meses tienen que pasar desde ahora hasta el mes de junio?

____

3 Colorea la respuesta correcta.

Hoy es 25 de septiembre y mi cumpleaños es el 25 de octubre. ¿Cuántos días faltan para mi cumpleaños?

2 días　　30 días　　90 días

Repaso de la unidad

- Si en una suma se cambia el orden de los sumandos el resultado no varía.
- Una semana tiene **7** días.
- Un año tiene **12** meses.

1 Completa.

	102	152

2 Dibuja y escribe cómo se leen estos números:

104
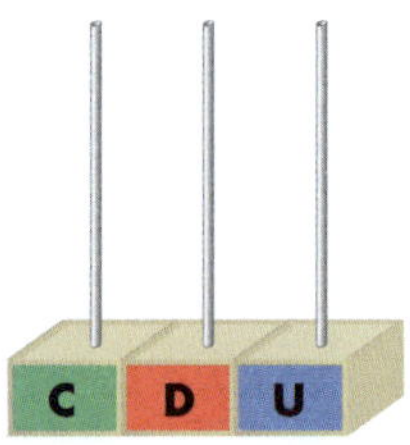

108
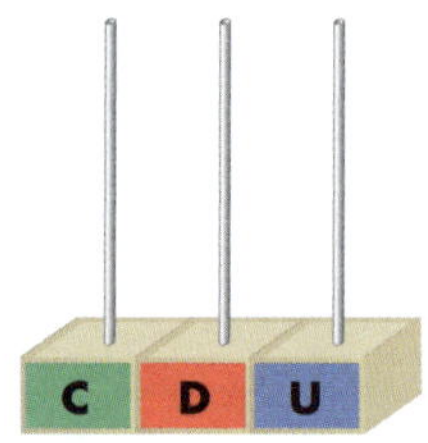

129
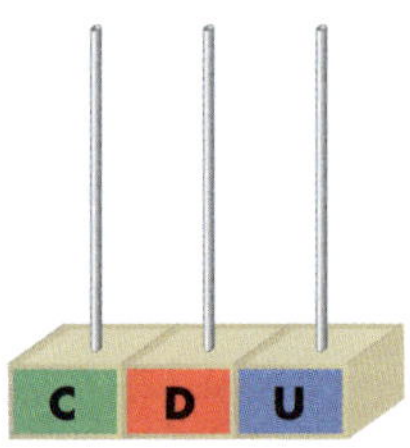

102
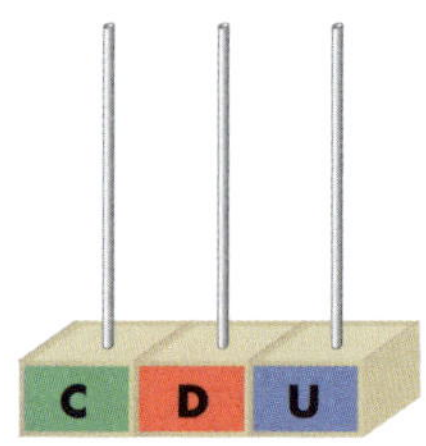

3 Dictado de números

4 Suma y ordena los resultados de mayor a menor.

$$\begin{array}{r} 127 \\ +\ \ 37 \\ \hline \square \end{array} \qquad \begin{array}{r} 39 \\ +136 \\ \hline \square \end{array} \qquad \begin{array}{r} 28 \\ +25 \\ \hline \square \end{array} \qquad \begin{array}{r} 165 \\ +\ \ 26 \\ \hline \square \end{array} \qquad \begin{array}{r} 59 \\ +38 \\ \hline \square \end{array}$$

$\square > \square > \square > \square > \square$

5 ¿Cuántos ciclistas han participado en la carrera?

 47    39

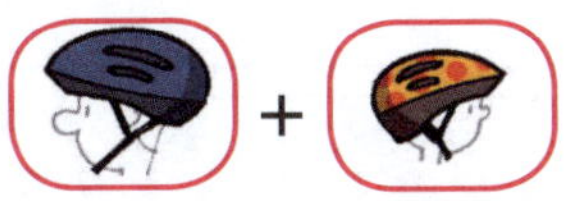

$$\begin{array}{r} \square \\ \bigcirc\ \square \\ \hline \square \end{array}$$

$$\begin{array}{r} \square \\ \bigcirc\ \square \\ \hline \square \end{array}$$

Han participado ☐ ciclistas.

6 Escribe **V** si es verdadero o **F** si es falso.

Pasado mañana será viernes; hoy es martes. ☐

El mes posterior a octubre es noviembre. ☐

Ayer fue viernes; pasado mañana será lunes. ☐

Enero es el mes posterior a febrero. ☐

Agosto está entre julio y septiembre. ☐

3 Los colores que me gusta comer

Los niños están llegando al comedor, y Susana, la cocinera, ya está preparada con su cucharón para servir. Al instante se da cuenta de que falta comida.

—¡Antonia! ¡No tenemos bastantes filetes para el primer turno! Son ciento cincuenta y dos niños, no ciento veinticinco. Saca una bandeja más de la cocina, por favor —le dice Susana a su ayudante.

—¡Qué bien huele, Susana! —comenta una niña.

—¡Síii! ¿Me puedes poner más patatas, por favor? —le pide Carlos.

—Mira, Carlos, tu bandeja no tiene colores. Debes añadir el verde de las judías y el naranja de la zanahoria. Recuerda mi refrán: «Comiendo con colores te saldrán los *colores*» —le dice Susana señalándose las mejillas sonrosadas.

Qué sabemos

1 Dibuja, escribe los números y contesta.

☐ ⟶ ciento cincuenta y dos

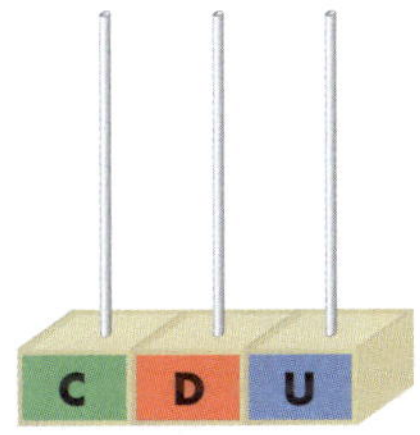

☐ ⟶ ciento veinticinco

¿Cuál es el número mayor? ____________________

2 Calcula los niños y las niñas, de 1.º y 2.º, que comen en el segundo turno.

2.º A, B y C ⟶ 69

1.º B ⟶ 25

Comen ☐ niños y niñas.

Inteligencia interpersonal: Menú con colores

3 ¿Cuál es el menú que elegirá Carlos? Señala y explica por qué.

☐ 

☐ 

____

Números del 200 al 299

199

+ 1 →

200

C	D	U
2	0	0

doscientos

2 centenas = 20 decenas = 200 unidades

2 C = 20 D = 200 U

1 Relaciona.

237	doscientos setenta y tres	2 C, 9 D y 1 U
219	doscientos noventa y uno	2 C, 6 D y 2 U
273	doscientos treinta y siete	2 C, 3 D y 7 U
291	doscientos sesenta y dos	2 C, 1 D y 9 U
262	doscientos diecinueve	2 C, 7 D y 3 U

2 Completa.

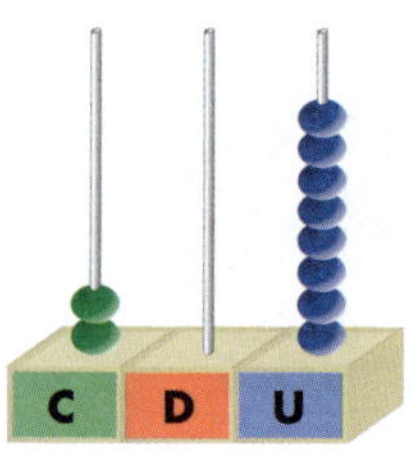

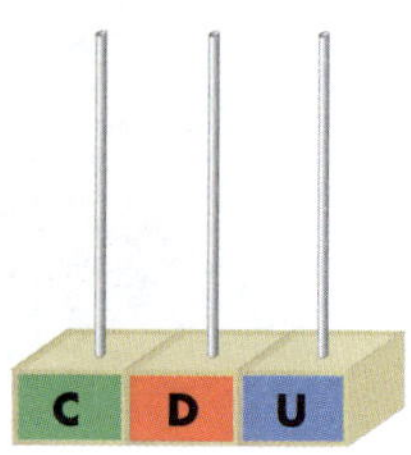

235

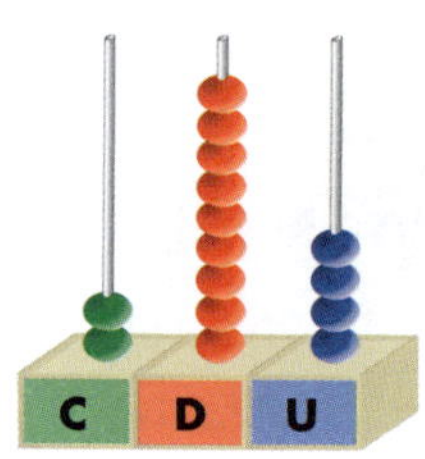

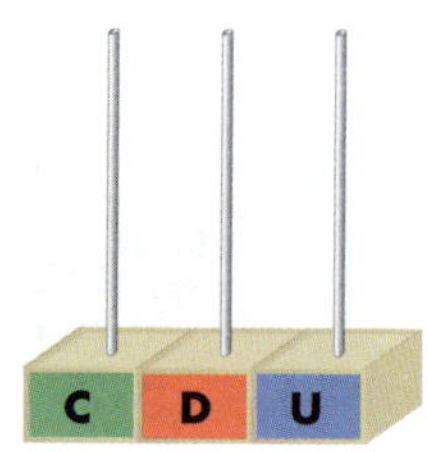

283

3 Escribe cómo se leen los números.

- Anterior a 210
- Posterior a 288
- Anterior a 260
- Posterior a 254

4 Colorea según el código:

de 200 a 220 → rojo   de 230 a 260 → amarillo   de 270 a 290 → verde

5 Ordena.

De mayor a menor

219 - 242 - 217 - 232

___ > ___ > ___ > ___

De menor a mayor

236 - 213 - 296 - 289

___ < ___ < ___ < ___

La suma con llevadas

Para sumar 152 + 69 se hace así:

	C	D	U
		1	
	1	5	2
+		6	9
			1 1

→

	C	D	U
	1	1	
	1	5	2
+		6	9
		1 2	1

→

	C	D	U
	1	1	
	1	5	2
+		6	9
	2	2	1

1 Suma.

	C	D	U
	1	3	6
+		4	9

	C	D	U
	1	5	7
+		5	6

	C	D	U
	1	2	4
+		9	6

	C	D	U
	1	4	9
+		4	9

2 Coloca y suma.

148 + 134 | 167 + 127 | 115 + 169 | 156 + 118

Propiedad asociativa

3 + 2 + 7

5 + 7 = 12

3 + 2 + 7

3 + 9 = 12

Para sumar tres números, se suman dos de ellos y el resultado se suma con el tercero.

1 Suma y comprueba si los resultados son iguales.

3 + 12 + 5 → ☐ + ☐ = ☐　　　3 + 12 + 5 → ☐ + ☐ = ☐

8 + 4 + 20 → ☐ + ☐ = ☐　　　8 + 4 + 20 → ☐ + ☐ = ☐

5 + 15 + 9 → ☐ + ☐ = ☐　　　5 + 15 + 9 → ☐ + ☐ = ☐

2 Cálculo mental

30 + 10 = 40

40 + 10	80 + 10	90 + 10	60 + 10
70 + 10	10 + 10	50 + 10	20 + 10

Descomposición de números

263

263 → 2 C + 6 D + 3 U

263 → 200 + 60 + 3

Un número de tres cifras se descompone en centenas, decenas y unidades.

1 Une cada número con su descomposición.

236	1 C + 3 D + 2 U	200 + 30 + 6
132	2 C + 3 D + 6 U	200 + 60 + 3
263	2 C + 6 D + 3 U	100 + 30 + 2

2 Descompón estos números:

196 → ☐ C + ☐ D + ☐ U → ☐ + ☐ + ☐

264 → ☐ ___ + ☐ ___ + ☐ ___ → ☐ + ☐ + ☐

269 → ☐ ___ + ☐ ___ + ☐ ___ → ☐ + ☐ + ☐

3 Escribe los números formados por:

1 centena, 4 decenas y 2 unidades → ☐

2 centenas, 9 decenas y 7 unidades → ☐

Valor de las cifras de un número

¿Cuánto vale la cifra 5 en cada número?

125 = 1 C + 2 D + 5 U

100 + 20 + 5

La cifra 5 vale 5 unidades.

152 = 1 C + 5 D + 2 U

100 + 50 + 2

La cifra 5 vale 50 unidades.

El **valor de una cifra** en un número depende del lugar que ocupa en él.

1 Escribe el valor de la cifra 1 en cada número.

198 → ☐ U 126 → ☐ U 281 → ☐ U

241 → ☐ U 212 → ☐ U 217 → ☐ U

153 → ☐ U 291 → ☐ U 169 → ☐ U

2 Representa en el ábaco el número 186 y contesta.

¿Cuál es la cifra de las unidades? ☐

¿Cuál es la cifra de las decenas? ☐ ¿Cuántas unidades vale? ☐

¿Cuál es la cifra de las centenas? ☐ ¿Cuántas unidades vale? ☐

Resuelvo problemas. Hago un esquema

1 Lee el problema.

Susana ha comprado 89 tomates para la ensalada, pero cuarenta y tres están muy maduros y no le sirven. ¿Cuántos tomates pondrá en la ensalada de hoy?

- Organiza los datos en un esquema.

89 tomates

maduros: 43 — en la ensalada: ¿ ?

- Realiza la operación.

- Escribe la solución.

2 Lee y resuelve estos problemas:

En la bandeja hay 12 flanes de vainilla, 8 de huevo y 3 de chocolate. ¿Cuántos flanes hay en total?

- Organiza los datos en un esquema.

Total de flanes

vainilla   chocolate   huevo

- Realiza la operación y escribe la solución.

☐ ○ ☐ ○ ☐ = ☐

En el comedor pequeño comemos 97 niños de 1.º y 2.º. Si sesenta y cinco somos de 2.º, ¿cuántos niños y niñas de 1.º hay en este comedor?

- Organiza los datos en un esquema.

Total de niños que comen.

Niños de 2.º ☐   Niños de 1.º ☐

- Realiza la operación.

- Escribe la solución.

El reloj

Son las **2 en punto.**

Son las **2 y media.**

Una hora tiene **dos medias horas.**

1 Escribe la hora que marcan los relojes.

Son las ☐

Son las ☐

Son las ☐

2 ¿A qué hora terminó la comida? Rodea.

3 Escribe el tiempo que estuvo el bizcocho en el horno.

Se metió a las 8 y media.

Se sacó a las

Estuvo

Son las **5** **en punto.**

Son las **5** **y cuarto.**

Son las **5** **y media.**

Son las **6** **menos cuarto.**

Una hora tiene **cuatro cuartos de hora.**

Media hora tiene **dos cuartos de hora.**

4 Completa.

Son las ☐

Son las ☐

5 Completa los relojes.

Son las 8 menos cuarto.

Son las 12 y cuarto.

Repaso de la unidad

- Para sumar tres números, se suman dos de ellos y el resultado se suma con el tercero.
- Un número de tres cifras se descompone en centenas, decenas y unidades.
- El **valor de una cifra** en un número dependen del lugar que ocupa.
- **Una hora** tiene **dos medias horas** y **cuatro cuartos de hora.**

1 Ordena los números de menor a mayor y escribe cómo se leen.

228
276
243
219
267
234

219 ______________________

______ ______________________

______ ______________________

______ ______________________

______ ______________________

______ ______________________

2 Suma y rodea el resultado que tenga la cifra 2 en las decenas.

1 1 6	1 4 3	1 8 1	1 7 5	1 2 9
+ 8 4	+ 9 6	+ 1 0 9	+ 4 8	+ 1 3 4
☐	☐	☐	☐	☐

3 Completa.

20 + 8 + 10 → [ ] + [ ] = [ ]

20 + 8 + 10 → [ ] + [ ] = [ ]

4 Descompón estos números:

147 → 100 + 40 + 7

281 → 200 + 80 + 1

219 → [ ] + [ ] + [ ]

132 → [ ] + [ ] + [ ]

165 → [ ] + [ ] + [ ]

274 → [ ] + [ ] + [ ]

5 Escribe cuántas unidades vale la cifra 2 en estos números.

247 → [ ] U

129 → [ ] U

263 → [ ] U

172 → [ ] U

281 → [ ] U

192 → [ ] U

6 ¿Qué hora será dentro de un cuarto de hora?

Pasa un cuarto de hora →

Son las [ ]

Son las [ ]

4 La nueva Casa de la Cultura

Todo el mundo está aplaudiendo. La alcaldesa, en su discurso, nos ha contado que en la nueva Casa de la Cultura tenemos una biblioteca y un auditorio en el que caben... ¡doscientas noventa y cinco personas!

—¡Me duelen las manos de tanto aplaudir! —dice mi amiga Silvia.

—Eres muy exagerada, seguro que no hemos aplaudido ni un minuto —le contesto.

—¿Que no? Si han pasado más de 80 segundos. ¡Eso seguro!

—¿Cómo puedes saberlo? —le pregunto.

—Muy fácil. Porque cuento las palmadas y he dado más de 80 —aseguró Silvia muy seria.

—Curiosa forma de contar el tiempo... ¡Ja, ja, ja! —le digo, sin poder contener la risa.

Qué sabemos

1 Completa.

Comenzó la inauguración.

Media hora después →

Terminó la inauguración.

Son las ☐

Son las ☐

2 Escribe el número anterior y el posterior, y completa los ábacos.

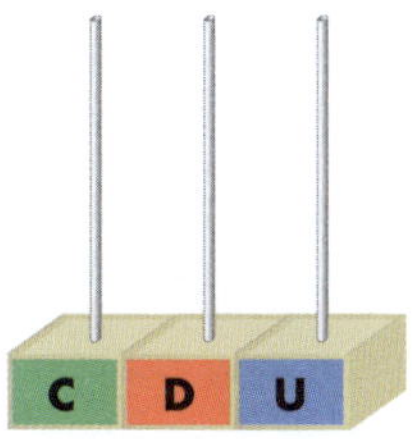

←

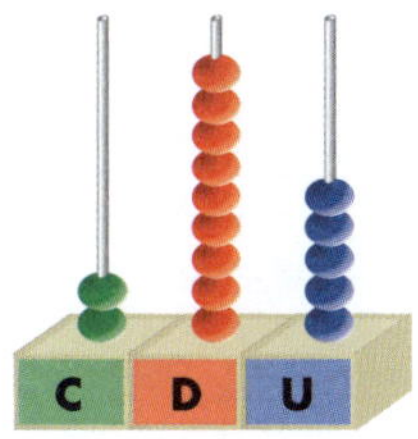

→

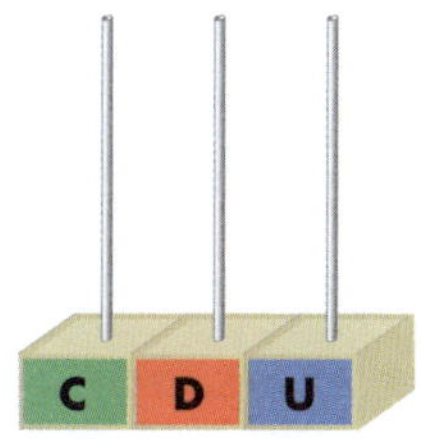

☐ 200 + 90 + 5 ☐

Inteligencia lingüística: Descifrar el código

3 ¿Cuál es la oración escondida? Escríbela.

3N UN4 HOR4 H4Y S3S3NT4 M1NUTOS Y 3N UN M1NUTO H4Y S3S3NT4 S3GUNDOS.

Números del 300 al 399

299 $\xrightarrow{+1}$ 300

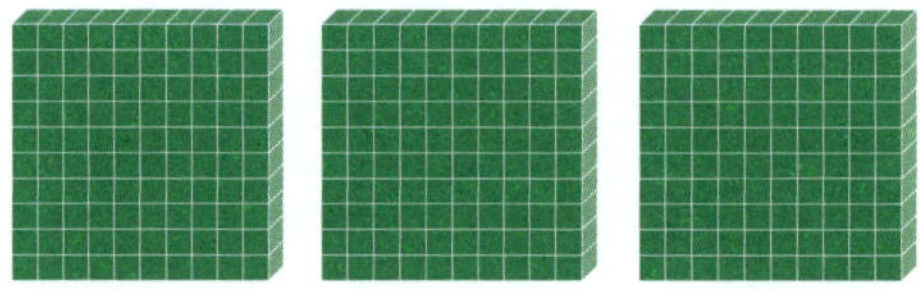

C	D	U
3	0	0

trescientos

3 centenas = 30 decenas = 300 unidades

3 C = 30 D = 300 U

1 Escribe cómo se leen estos números:

316 ____________________

382 ____________________

354 ____________________

309 ____________________

333 ____________________

2 Completa la serie sumando dos y colorea los números que tienen la cifra 3 en las decenas.

315	317				325		
	333						345
		351					

3 Completa.

[ ]	320	[ ]
300 + 70 + 8	[ ] + [ ]	[ ] + [ ] + [ ]

4 Colorea las banderas según se indica:

mayor que 349 → azul   menor que 327 → rojo   entre 328 y 348 → verde

5 Contesta.

¿Cuántas decenas son 300 unidades? [ ] ____________

¿Cuántas decenas hay en 348 unidades? [ ] ____________

¿Cuántas centenas hay en 375 unidades? [ ] ____________

6 Dictado de números

[ ] [ ] [ ] [ ] [ ] [ ] [ ] [ ] [ ] [ ]

Resta llevando

Había 92 cuentos en la biblioteca y nos llevamos 27 en préstamo. Para restar, 92 – 27, se hace así:

	D	U
	9	2
–	2	7

A 2 U no le podemos restar 7 U.

	D	U
	8 ~~9~~	12 ~~2~~
–	2	7
		5

Cambiamos 1 D por 10 U y las añadimos a las unidades.

	D	U
	8 ~~9~~	12 ~~2~~
–	2	7
	6	5

Restamos.

1 Resta pasando una decena a unidades.

	D	U
	6 ~~7~~	14 ~~4~~
–	3	9

	D	U
	5 ~~6~~	11 ~~1~~
–	2	3

	D	U
	7	3
–	5	6

	D	U
	9	2
–	3	5

	D	U
	6	7
–	1	9

2 Lee y resuelve.

A la inauguración acudieron 63 personas. Si 49 son adultos, ¿cuántos niños hay?

Acudieron ☐ personas.

Adultos ☐ .

En la inauguración hay ☐ niños.

Aprendo a restar más rápido

Mi cuento tiene 31 páginas y he leído 15 páginas.
Para restar 31 – 15, se hace, más rápido, así:

	D	U
	3	~~1~~ (11)
–	1	5
		6

	D	U
	3	~~1~~ (11)
–	~~1~~ (2)	5
	1	6

De 5 a 11 van 6 y nos llevamos 1. Escribimos 6 U.

1 y 1 que nos llevamos 2. De 2 a 3 va 1. Escribimos 1 D.

1 Resuelve y rodea las restas que no son con llevadas.

$75 - 48 = \square$ $46 - 17 = \square$ $94 - 42 = \square$ $55 - 26 = \square$ $86 - 63 = \square$

$53 - 37 = \square$ $94 - 59 = \square$ $71 - 25 = \square$ $83 - 18 = \square$ $69 - 47 = \square$

2 Cálculo mental

30 – 10 = 20 (3 – 1 = 2)

50 – 10	20 – 10	70 – 10	80 – 10
60 – 10	40 – 10	90 – 10	10 – 10

Resuelvo problemas. Ordeno el enunciado

1 Escribe el enunciado ordenado y resuelve.

- ¿cuántos refrescos se han bebido?
- Preparamos 72 vasos de refrescos para la inauguración.
- Si quedan 28 vasos llenos,

- Subraya la pregunta de azul; los datos, de rojo, y escríbelos.

Prepararon ☐  . Quedan llenos ☐  .

- Calcula.

- Escribe la solución.

2 Escribe ordenado el enunciado y resuelve.

- Lucas ha tardado 15 minutos más que Marina.
- ¿En cuántos minutos hizo Lucas los deberes?
- Marina ha hecho los deberes en 25 minutos.

- Escribe los datos y subraya la pregunta.

Marina tardó

Lucas

- Calcula.

- Escribe la solución.

Horas, minutos y segundos

Un día tiene **24 horas.**
Una hora tiene **60 minutos.**
Un minuto tiene **60 segundos.**
Media hora tiene **30 minutos.**
Un cuarto de hora tiene **15 minutos.**

1 Rodea a quien ha empleado más tiempo en comer.

2 ¿Cuántos minutos han pasado? Escribe.

11:30 → 12:00

3:00 → 3:45

3 Escribe el tiempo que duró el discurso de la alcaldesa.

Empezó a las 4 y media.

Terminó a las 4:45.

El discurso duró

4 Completa el reloj con la hora de salida del colegio.

Llegué a casa a las cinco y media. → 30 minutos antes →

Eran las ☐ ______

5 Completa.

Una hora = ☐ minutos. Dos horas = ☐ minutos.

Dos cuartos de hora son ☐ minutos.

1 minuto = ☐ segundos. 2 minutos = ☐ segundos.

45 minutos son ☐ cuartos de hora.

Si pasa hora y media han pasado ☐ minutos.

6 Escribe **V** si es verdadero y **F** si es falso.

9:00	1 hora antes →	8:00	☐
10:30	media hora antes →	11:00	☐
9:00	1 hora y media después →	10:30	☐
11:00	Media hora antes →	10:30	☐
6:15	Media hora después →	6:45	☐

Repaso de la unidad

- **Una hora** tiene **60 minutos.**
- **Un minuto** tiene **60 segundos.**
- **Media hora** tiene **30 minutos.**
- **Un cuarto** de hora tiene **15 minutos.**

1 Escribe cada número de estantería en su lugar.

La estantería con el número mayor tiene los libros de cocina. → ☐

Los libros de ajedrez se guardan en el número menor. → ☐

Las novelas están en el anterior a 300 + 30. → ☐

Los cuentos de animales los encontramos en 3 C, 6 D y 1 U. → ☐

La estantería de los cómics tiene la cifra 6 en las unidades. → ☐

Los libros de aventuras están en el número posterior a 369. → ☐

2 Resta y rodea los resultados mayores que 30.

$$\begin{array}{r} 92 \\ -\,45 \\ \hline \square \end{array} \quad \begin{array}{r} 84 \\ -\,59 \\ \hline \square \end{array} \quad \begin{array}{r} 40 \\ -\,16 \\ \hline \square \end{array} \quad \begin{array}{r} 64 \\ -\,28 \\ \hline \square \end{array} \quad \begin{array}{r} 77 \\ -\,29 \\ \hline \square \end{array}$$

3 Escribe cómo se leen y su descomposición.

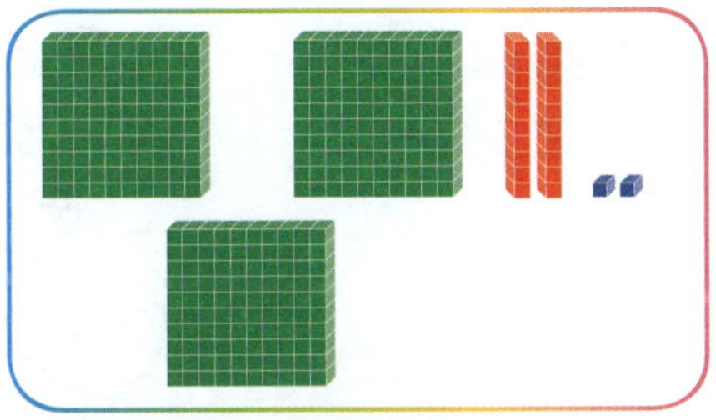

☐ + ☐ + ☐

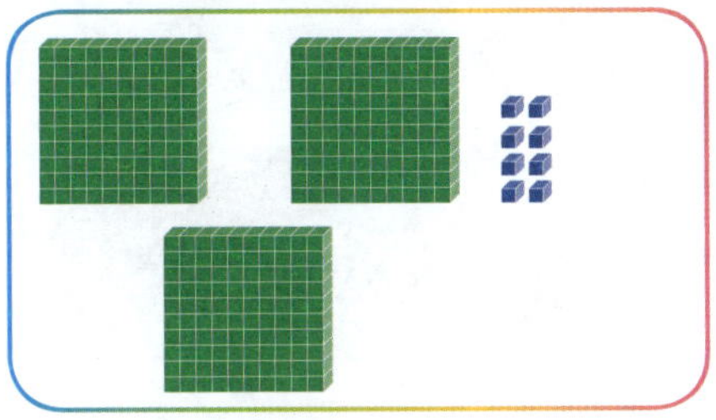

☐ + ☐ + ☐

4 Escribe los minutos que dura el recreo de mediodía.

Empieza a las 14:15. Termina a las 

.

El recreo dura ☐

5 ¿Tiene razón Alicia? Escribe por qué.

6 Completa los relojes.

6:15 → __ : __

30 minutos después

__ : __ → 12:15

Un cuarto de hora antes

5 La policía del colegio

Llegamos al colegio, ahí, como cada mañana, está Raquel nuestra policía local parando el tráfico en el paso de peatones.

—¡Hola, Raquel! ¡Buenos días! —saluda Jimena mientras cruza.

—¡Buenos días, Jimena! Hoy vas con retraso —contesta Raquel, sonriendo.

—Hemos pasado por la panadería para comprar el almuerzo —le explica su padre.

—Sí, y me he quedado las vueltas para mi hucha. ¡Dos monedas de 50 céntimos! —le cuenta la niña.

—Si ahorras, podrás comprarte una bicicleta —dice la policía—. Y ¿te sabes las normas de seguridad vial? Porque son necesarias para circular en bicicleta.

—¡Claro que sí! Nos las explican en el colegio —responde la niña muy orgullosa.

Qué sabemos

1 Rodea las monedas que se ha quedado Jimena.

Jimena tiene ☐ céntimos.

2 Une los números donde la cifra 2 valga 20 unidades.

352 21 128 293

254 327 383 325

254 142

326 129 267 172

Inteligencia musical: Construir un instrumento

3 Sigue los pasos para construir una flauta con pajitas.

1

Utiliza 9 pajitas. Cada una de ellas la cortamos un poco más corta que la anterior.

2

Las pegamos ordenadas sobre una cinta adhesiva.

3

Y una vez hecha, ¡a soplar!

Números del 400 al 499

+ 100 + 100 + 100

C	D	U
4	0	0

cuatrocientos

4 centenas = 40 decenas = 400 unidades

4 C = 40 D = 400 U

1 Escribe cómo se leen los números siguientes.

463 →

429 →

cuatrocientos cincuenta y ocho →

cuatrocientos setenta y uno →

480 →

cuatrocientos treinta y dos →

2 Escribe seis números diferentes con las cifras de las señales.

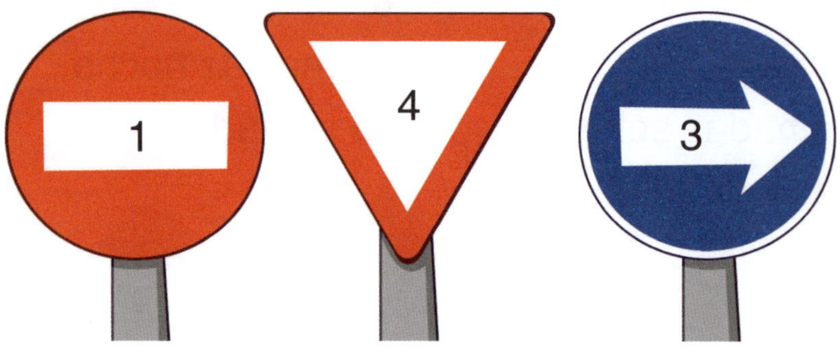

3 Ordena.

De menor a mayor.

465 - 498 - 431 - 429 - 484 - 408

☐ ○ ☐ ○ ☐ ○ ☐ ○ ☐ ○ ☐

De mayor a menor.

416 - 472 - 403 - 459 - 461 - 495

☐ ○ ☐ ○ ☐ ○ ☐ ○ ☐ ○ ☐

4 Tacha el número que sobra en la serie.

425 430 435 440 445 450 452 455

5 Escribe el número anterior y el posterior.

☐ ←	4 C, 6 D y 4 U	→ ☐	☐ ←	4 C, 3 D y 9 U	→ ☐
☐ ←	4 C y 9 U	→ ☐	☐ ←	4 C y 7 U	→ ☐
☐ ←	4 C, 8 D y 9 U	→ ☐	☐ ←	4 C, 7 D y 8 U	→ ☐

6 Escribe la descomposición de cada número.

446 → ☐ + ☐ + ☐

472 → ☐ + ☐ + ☐

490 → ☐ + ☐

406 → ☐ + ☐

Resta llevando

Para restar 325 – 168 se hace así:

	C	D	U
			15
	3	2	~~5~~
–	1	6	8
			7

De 8 a 15 van 7 y nos llevamos 1. Escribimos 7 U.

	C	D	U
		12	15
	3	~~2~~	~~5~~
		7	
–	1	~~6~~	8
		5	7

6 y 1 que nos llevamos, 7. De 7 a 12 van 5 y nos llevamos 1. Escribimos 5 D.

	C	D	U
		12	15
	3	~~2~~	~~5~~
	2	7	
–	~~1~~	6	8
	1	5	7

1 y 1 que nos llevamos, 2. De 2 a 3 va 1. Escribimos 1 C.

1 Resta.

3 4 6	4 3 5	3 0 7	2 1 1
− 1 8 8	− 2 6 7	− 1 5 9	− 1 4 6
☐	☐	☐	☐

2 Coloca y resta.

403 – 125 | 420 – 72 | 337 – 139 | 405 – 36

3 Resta y escribe la oración.

$$\begin{array}{r} 374 \\ -\ 285 \\ \hline \square \end{array} \quad \begin{array}{r} 240 \\ -\ 62 \\ \hline \square \end{array} \quad \begin{array}{r} 408 \\ -\ 259 \\ \hline \square \end{array} \quad \begin{array}{r} 421 \\ -\ 273 \\ \hline \square \end{array}$$

debes | derecha | e | mirar.

$$\begin{array}{r} 223 \\ -\ 139 \\ \hline \square \end{array} \quad \begin{array}{r} 302 \\ -\ 176 \\ \hline \square \end{array} \quad \begin{array}{r} 460 \\ -\ 397 \\ \hline \square \end{array} \quad \begin{array}{r} 434 \\ -\ 85 \\ \hline \square \end{array}$$

cruzar | a | izquierda | Para

349 | 84 | 126 | 178 | 149 | 63 | 89 | 148

____

____

4 Lee y resuelve.

Calcula la diferencia sabiendo que el sustraendo es 287 y el minuendo 410.

La diferencia es ☐ .

5 Cálculo mental

$30 + 20 = 50$

50 + 20	30 + 30	70 + 10	50 + 40
60 + 20	10 + 40	20 + 30	40 + 30

Euros y céntimos de euros

Estas monedas son de **céntimos** de euro:

1 céntimo 2 céntimos 5 céntimos 10 céntimos 20 céntimos 50 céntimos

Estas monedas son **euros:**

1 euro 2 euros

1 euro es igual a 100 céntimos. → 1 € = 100 cts.

1 ¿Cuál de estas huchas tiene más dinero? Señala:

☐ ☐ ☐

2 Rodea las monedas que necesitas y escribe cuánto dinero te sobra.

Sobran ☐ € y ☐ céntimos.

Billetes de euros

Estos son **billetes** de euro:

5 euros

10 euros

20 euros

50 euros

1 Une.

66 €　　69 €　　60 €

2 Completa las tres elecciones de Yago para regalar a su padre.

El libro y ______________________

La camisa y le sobran ☐ €.

El reloj y las gafas, pero le faltan ☐ €.

Repaso de la unidad

- 1 euro es igual a 100 céntimos. → 1 € = 100 cts.

1 Escribe los números formados por:

cuatro centenas, una decena y dos unidades → ☐

cuatro centenas y siete decenas → ☐

cuatro centenas y cinco unidades → ☐

cuatro centenas, tres decenas y una unidad → ☐

2 Une según corresponda.

cuatrocientos cincuenta y ocho	4 C, 3 D y 9 U
cuatrocientos ocho	4 C y 6 U
cuatrocientos ochenta	4 C y 8 D
cuatrocientos treinta y nueve	4 C, 5 D y 8 U
cuatrocientos seis	4 D y 8 U

3 Dictado de números

☐ ☐ ☐ ☐ ☐ ☐ ☐ ☐ ☐ ☐

4 Coloca y realiza tres restas con los números del semáforo.

5 Escribe los céntimos que tiene cada niño y resuelve.

Amanda tiene 2 euros y 40 céntimos en la hucha y Pablo 1 euro y 83 céntimos en la cartera.

2 € y 40 cts. → ☐ céntimos.

1 € y 83 cts. → ☐ céntimos.

¿Cuántos céntimos tiene más Amanda que Pablo?

Amanda tiene ☐ céntimos más que Pablo.

6 Rodea el dinero que necesitas para pagar el monopatín y escribe lo que sobra.

Sobran ☐ €.

Tarea: En la nieve

1 Lee, señala el tique de la compra de Álvaro y completa.

Álvaro y sus padres están comprando la ropa que este necesita para ir a esquiar. Han elegido los guantes más baratos y unos pantalones de competición, que estaban de oferta.

☐ **TIENDA DE DEPORTES «EL MUÑECO DE NIEVE»**

1 guantes....... 27 €

1 pantalón...... 27 €

Total......... ☐ €

Entregado: 100 €

Devolución.... ☐ €

☐ **TIENDA DE DEPORTES «EL MUÑECO DE NIEVE»**

1 guantes........27 €

1 pantalón.......39 €

Total............. ☐

Entregado: 100 €

Devolución.... ☐ €

Con el dinero que les han devuelto, ¿pueden comprar unas gafas de 30 €? ☐

Después de pagar la última compra, les han devuelto 2 monedas. Dibújalas.

2 Contesta.

Salen del colegio a las 8 y media. Después de una hora y media, llegan a la estación de esquí.
¿A qué hora han llegado?

Hay que esperar para coger el telesilla. ¿Cuánto tiempo esperan desde las diez y cuarto hasta las once menos cuarto para subir?

3 Lee y averigua cuál es el casco de Álvaro y cuáles los de sus amigos.

- El casco de Andrea no es rojo y tiene un número con la cifra 3 en las centenas.
- Los cascos de Álvaro y Javier son del mismo color, pero el de Javier tiene un número con 13 decenas.
- El casco de Marta tiene un número con la cifra 3 en las unidades.

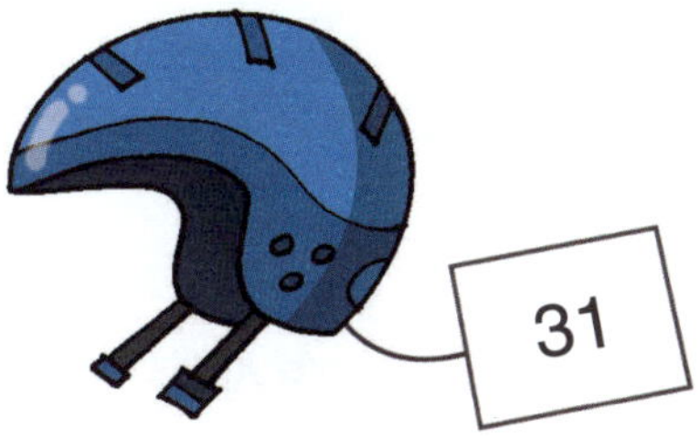

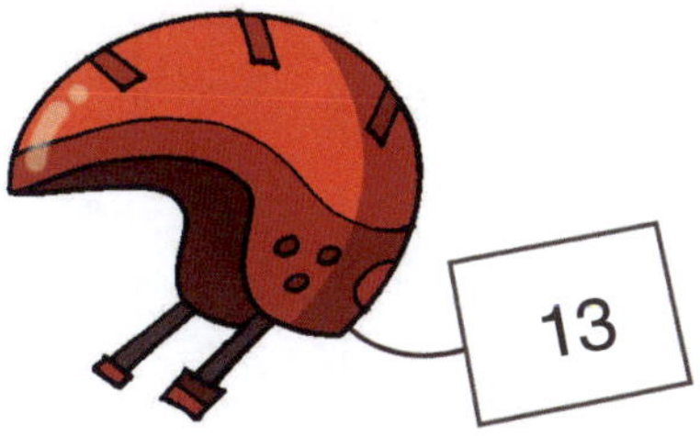

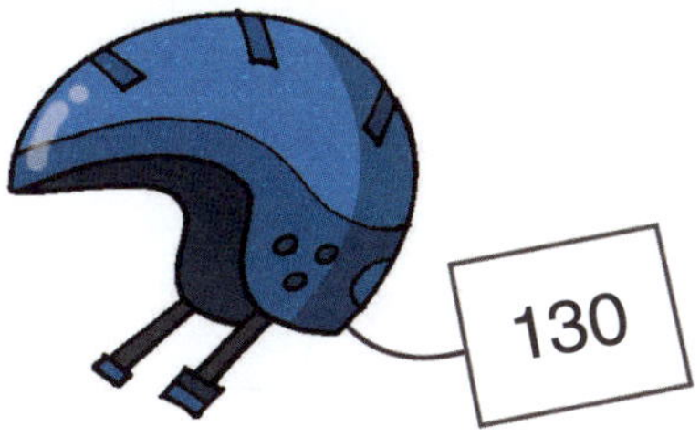

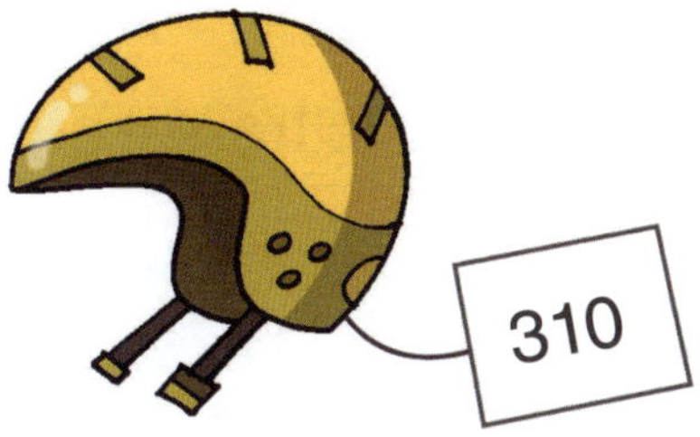

Repaso trimestral

1 Escribe.

2 C, 3 D y 6 U → ______

trescientos setenta y dos → ☐ C ☐ D y ☐ U

1 C, 9 D y 8 U → ______

cuatrocientos sesenta y uno → ☐ C ☐ D y ☐ U

3 C, 2 D y 9 U → ______

2 Escribe los números y su descomposición.

Anterior a 350 → ☐ → ☐ + ☐ + ☐

Posterior a 288 → ☐ → ☐ + ☐ + ☐

Anterior a 400 → ☐ → ☐ + ☐ + ☐

Posterior a 169 → ☐ → ☐ + ☐ + ☐

3 Escribe el valor de la cifra 4 en cada número.

234 → ☐ U

469 → ☐ U

147 → ☐ U

348 → ☐ U

342 → ☐ U

497 → ☐ U

4 Calcula y ordena de mayor a menor.

147	402	163	354	454
+ 184	− 129	+ 257	− 198	− 156
☐	☐	☐	☐	☐

☐ > ☐ > ☐ > ☐ > ☐

5 Colorea así:

mano derecha → (naranja) mano izquierda → (verde)

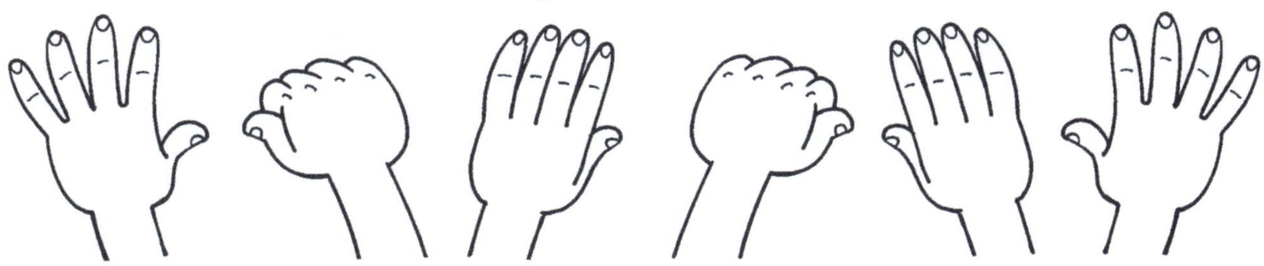

6 Completa.

Pasado mañana, ¿qué día de la semana es? ____________________

¿En qué día de la semana termina este año? ____________________

¿Qué meses tienen 30 días? ____________________

____

7 ¿Cuántos minutos son? Rodea la respuesta correcta.

Dos horas → 60 - 120 - 90

60 segundos → 2 - 1 - 5

1 hora y media → 60 - 120 - 90

120 segundos → 2 - 1 - 5

APRENDER ES CRECER es un proyecto educativo de Anaya Educación para el segundo curso de Educación Primaria.

En la realización de este libro han intervenido:

Coordinación editorial:
Ángela Valdés

Ilustraciones:
Rafael Carralón

Edición:
Nora Basanta

Maquetación:
Raquel Horcajo

Diseño de cubierta e interiores:
Miguel Ángel Pacheco y Javier Serrano

Corrección:
Sergio Borbolla

Tratamiento infográfico del diseño:
Patricia Gómez y Paz Franch

Gráficos:
Miguel Ángel Castillejos

Fotografías:
Archivo Anaya (Cosano, P.; Martín, J.A.), 123RF.

Edición gráfica:
Mar Merino

Las normas ortográficas seguidas en este libro son las establecidas por la Real Academia Española en la *Ortografía de la lengua española,* publicada en el año 2010.

Nuestras publicaciones mantienen el rigor en el uso y en la selección de los contenidos, en las imágenes y en el lenguaje, para cumplir con la **no discriminación** por razón de género, cultura u opinión.

ISBN: 978-84-678-7422-8 - Depósito Legal: M-12736-2015 - Printed in Spain.

ET025046/1E4I - 8370364